2011& 정옥란

다시 그리워질 때

2011@정옥란 다시 그리워질 때

인　쇄 : 초판인쇄 2011년 3월 20일
인　쇄 : 초판발행 2011년 3월 25일
지은이 : 정옥란
펴낸이 : 윤기영
펴낸곳 : 도서출판 현대시선
등　록 : 제 387-2006-00017호
본　사 : 서울시 동대문구 장안동 394-15호 203호
지　사 : 경기도 부천시 원미구 원미동 147-12
전　화 : 070-8887-8233 팩시밀리 : 02-831-5832
이메일 : hdpoem55@hanmail.net

정 가 : 8.000원정
ISBN : 978-89-92687-25-6-03810

다시 그리워질 때

도서출판/현대시선

저자의 말

가끔은
꿈을 꾼다.

푸른 하늘을 소유하는
새가 되기도 하고
향기로운 꽃에 취해
오수를 즐기는 나비가 되기도 한다.

눈앞에 보이는
그대로의 세상은 아름답다.
우리의 삶 또한 나름의
고운 무늬를 가지고 있다.

때로는
물처럼 흐르던 일상의 삶이
절름거리며 달아나던
세월의 도독처럼
꿈이 현실에서 멀어질 때
쓸쓸하고 힘든 날
누군가가 필요해서 돌아보면
주위는 적막했고

무엇인가 아쉬워 살펴보면
아무도 없을 때
나는 글을 쓴다.
시가 무엇인지도 잘 알지 못한다.

다만, 무지하게 울고 싶었던
단순한 마음을 내 방식의
세상과의 소통이였는지도 모르겠다

어설픈 첫 작품
한없이 부끄럽다.

지금은 부족하지만
건강한 정신으로
다채로운 말의 옷 입히기가 아닌
모든 자연과 모든 사람의 내면의 세계를 읽고
그 마음을 전할 수 있는 좋은 글을 쓰고 싶다

시집이 나오기까지
격려와 도움 주신
윤기영 영화감독님께 감사드리며
현대시선 가족 모두에게
고마운 뜻을 전한다.

2011년 3월
저자 정옥란

목 차

정옥란 시인의 poem

1부. 다시 그리워질 때

2부. 슬픈 연가

3부. 그리움의 불꽃

4부. 바위섬 지금도 그곳에는

1부. 다시 그리워질 때

너의
환한 얼굴
수채화처럼 알록달록
울긋불긋 고운 색깔
빙빙 맴돈다.
맴돈다.

-다시 그리워질 때 중에서-

다시 그리워질 때

밤새
부드러운
바람으로 맺힌
이슬 위에
태양이 찬란한 빛을 발할 때

핑계 쳐진 햇살 한 무리
가슴으로 들어와 안긴다.

너의
환한 얼굴
수채화처럼 알록달록
울긋불긋 고운 색깔
빙빙 맴돈다.
맴돈다.

참 염치없게도
네가, 다시 그리워지는 날

고독

저녁 어스름에
함께 내리는 비

주룩주룩
죄처럼 부끄러운
가슴 씻긴다.

끝없이 깔린 먹구름
먼지 쓸듯 쓸어내고
달무리에 가 안긴다.

달빛 따라
달빛 따라 홀로 흔들리며
오지 않는 사람의 그림자처럼
개인 하늘
바람만 차가운 겨울밤

산다는 것은
너나 나나
다 고독한 것을

여로(旅路)

산다는 건
어스름이 내리는
저녁 불빛에 기웃거리다
자해하는
눈발 같은 것일지 몰라

섧고 고운 가슴 저미는 날
바람처럼 구름처럼 함께 걷는
고독한 동행인지도 몰라

굳게 잡은 손등에
눈물 떨어질 때
부둥켜안고 뒹굴고 싶은
절절했던
사랑의 오르가즘인지도 몰라

때로는 나도 너처럼
똑같이 비틀거리는 날
가쁜 숨 몰아쉬며 헐벗고 서 있는

목 잘린 겨울 가로수 파란 줄기 그리운
겨울나기 같은 것일지 몰라

아직 돌아오지 않는 사람의
잊히는 이름을 기억하는 일일지 몰라

눈비 맞은 겨울새
파닥거리며 살아 있다는
역동적 날갯짓 같은 것일지도 몰라

설화(雪花)

술렁이던 세상 바람에
멀어진 마음
응어리진 꽃으로
맺히는가 싶더니

지난날 묻어 두었던
사랑을 꺼내 손을 잡으니
넌 금방 녹아 눈물 흘렸다.

너와 나
무슨 비밀이 있었기에
언 가슴으로 만나야 했던가

가면을 입힌 꽃잎이
나신의 겨울나무가 될 때까지
외 마디로 꺾어져 울던 울음
하얀 하늘 다리 놓고서야
만나는 너와 나
세상은 우리를 사랑했고

당신의 빨간 심장 소리를
다시 듣는다.

세속을 떠돌던
외진 가슴의 영혼 하나
당신의 포로가 되어
익숙해진 그 길목에서
하얀 꽃을 다시 피운다.

침묵(沈默)

흐린 잿빛 하늘
낮게 낮게 내리어 오던 날

기다리다
기다리다
차마 목이 메어 못한 말
하늘과 땅 사이에
차가운 넋두리를 하얗게 풀어놓는다.

바람에 부대끼며
몸으로 울었던 겨울나무
나뭇가지마다
내려 쌓이는 숭고한 사랑에
가슴 벅찬 애련의 눈물 쏟아낸다.

눈송이
동그랗게 굵어지고
송이송이 눈꽃송이
붉은 마음 다시 지운다.

순정(純精)

한철
매달려 있던
붉은 사랑은
끝내,
뚝.
겨울 나뭇가지에서 떨어진다.

바람불어
하늘 낮아지는 날

꿈꾸는
겨울나무

고운 사람 고이 보내는
바람을 비낀다.

세월(歲月)

비울 것 다 비웠는데
모든 것 그대로다

한때 마음을 채웠던
붉은 장미의 꿈은 퇴색했어도
떠나 보내지 못한 채
스스로 갇혀버린
욕심의 세월을 더듬는다

가다 말다
흐르다 정지하는
구름 따라 강물 따라 흐르며
무심히 지나는 바람을 붙잡는다

그리고
끝이 되며
시작인 부활을 또 꿈꾼다.

이별 연습

푸른 잎에 새긴
열정 어린 사랑
이루지 못한 꿈으로 남겨진 채

물들어 버린 그리움은
그렇게 떠나버린
사람들의 수를 헤아리며
다시 만날 것을 염려하지 않은 채
또 다른 이별을 준비한다.

소유하지 못해 외로웠던 욕망
꾹꾹 눌러 외면한 채
아직 남아 있는 너의 향기
탈색시키는 연습을 한다

떠나는 것보다
살아남는 것의 힘겨움을 알기에
미처 물들지 못한 푸른 잎
저녁노을에 빨간 호흡으로 탄다.

포용(包容)

파도로 높아진 키를
편안히 가라앉힌 진주의 눈으로
너를 본다

여러 갈래로
버려지지 않는
세월의 빗장을 풀며
함묵한 채 한때의 어눌한 약속에
거리를 헤매던 이유 없이 단절된
시간조차 꼭 안는다.

두 손에 움켜잡은
미움의 고삐를 푼다
그리고 뜨겁게 포옹한다.

떠날 것인가
남을 것인가
이정표를 버린다.

하얗게 표백된
시린 가슴 빨간 햇살 드리우면

가슴을 휘어잡은 이름 하나
붉은 자태로 노을빛에 안긴다.

사랑

사랑 그것은 당신을 위해
암석(巖石)을 쪼개는
인고(忍苦)의 세월이다

단단한 껍질을 침묵으로
갈고 닦는 끝없는 교감(交感)에
투항하는 정절의 쓸쓸함이다

그리고 비밀의 창고에
감춰진 보석을 깨내는
눈물겨운 영혼의 뜨거운 불길이다.

별이 내리는 밤

장미꽃보다
더 붉고 시린
내 사랑의 향기로
당신은 하늘의 별이 되었습니다

행여, 손 닿으면 깨질세라
조심스레 마음을 떨며
존속의 이름을 버린 염원의 기다림도
때로는 쏟아지는 별처럼
반란을 일으키기도 합니다

개념 없이 흐르던 허망한 꿈도
남몰래 가슴속 깊이 피웠던
연분홍빛 사랑도 별 비 되어 내리고

잊혀진 줄 알았던
형언할 수 없는 고뇌 이는 한숨만이
외로운 그림자 뒤에 숨어
더욱더 뜨거운 가슴으로

당신을 사랑하고 싶은
뜻밖의 가슴 두근거림인 것을

무심한 밤하늘에
하나 둘 모아둔 그리움
오늘 밤엔 사랑의 빛으로
한꺼번에 쏟아져 내립니다
당신이 매우 그립습니다.

회상

눈멀었었다
그리워하며
우리의 가까운 가슴
한 겹씩 다시 멀어지는
연습을 시켜야 한다 했습니다

그리운 마음 가슴 빛 사랑으로
별이 되어 나를 향한 빛으로
밤을 서 있었다고도 했습니다

먼 하늘 멀지 않고
가까운 바람 사랑의 가슴이라며
당신의 숲을 태워
비에 젖어 휘청이는 나를
일으켜 세운다 했습니다

그런 당신은 이제 없습니다

향기 없는 진홍빛 장미처럼
지나간 어느 시간에도

돌아갈 수 없는
그림자 없이 흐르는 세월

잡힐 듯 잡히지 않는
슬픈 이름의 샛별 하나
뜨거워지는 땅 위에
별똥별이 되어 떨어집니다.
누군가 내 가슴에서 죽어갑니다.

네가 그립다

햇살에서 달빛까지
생명이고자 기도하노라면
그 무거운 바다의 적막을 밀고
자라 오른 아침해와 같이
지난날 신기루와 같은 사연들이
머리를 더듬을 때
살아 있어 안도의 숨결
네가 그립다

눈을 감고
행여 옷깃 적시는 해 조음 있을까
햇살을 비키노라면
출렁이는 파도소리
허무의 윤회로 돌아선 수평선 위에
붉게 물든 저녁노을만 설움에 탄다.

그 대

예전에도 없었네
그대 같이 고운님

내 맘에 숨어 있어
그댈 볼 수가 없었네

꽃향기 가득할 때
아름다움 피었고
한 줄의 줄 장미 필 때
그대인줄 알았네

그대와 나
같은 시계바늘 위에서
다른 향기로 살았네

기적처럼
피어나는 생명의 꽃
내 안에
숨쉬는 그대였었네

꽃잎 편지

어두운
숲 속을 건너온
따스한 아침 햇살에
가슴 가득 채워둔 열리지 못한
송이송이 맺힌
그리움의 하얀 속살 봉오리

내 따뜻한 가슴에서
하늘하늘 꽃잎으로 핀다
노랗게 빨갛게

네게 전했던 내가 알던 모든 말
내게서 돌아앉아
어느 한마디도 말이 되지 않던
아픈 사랑을 영혼의 글씨로
꽃잎 한장 한장에 담는다.

그리웠노라
보고싶었다

내 의지로는 어쩔 수 없는
한계를 넘은 가슴속 물들인
붉은 연서를 이제야 네게 보낸다.

흔적

조각조각 흩어져 버린
인연을 모자이크 하며
따사로운 햇살을 쓸어담는다.

영혼을 팔아버린
속절없는 내 사랑의 눈물은
강물 위를 출렁 파도 탄다.

내가 흐르고
당신이 흐르고
열병처럼 떠돌던 아픔의 흔적
또 다시 돌아올 세월을 흐른다

모질었던 고문의 계절
겨울잠 깬 개구리
팔딱팔딱
역동성 있는 심장 소리만
아련한 꿈길처럼
봄 앓이를 한다.

상실(喪失)

습관처럼 지나던 길마저
모두 잃어 버린다
생각 않는다

가는 것만도 애달픔인데
보내는 것만도 생각인데

하늘같이
넘나들며 살 수 있다고
믿었던 말 한마디
너의 의미가 되지 못하고
찬바람에 휘이 떠도는 무정

사계를 돌아서온
만상(萬狀)의 상념이
얼키설키 받쳐놓은 잔가지에서
아픈 비명을 지른다

그리고
넌, 이제 보이지 않는다.

상처

시도 때도 없이
무절제한 상념은
당당하게 가슴을 할퀸다

차가운 땅속을 헤집는
상처의 뿌리는
싸늘한 눈빛에 진저리를 치고

베어진 아픈 영혼은
아물줄 모르고

뚝
뚝..
선홍빛 처연한
굵은 눈물 떨군다

낙서(落書)

그립다
보고프다
네 이름을 쓰고
그 위에다 빨간색 연필로
사랑의 동그라미를 그린다

눈 코 입술을
그리다 지우고
너만을 사랑해...

핑도는 눈물

넘쳐 출렁이는 그리움은
내 가슴에다 파아랗게 쓴다

이별

찬서리에
빨갛게 멍던 단풍잎
꽃잎 빛깔 저리 예뻤을까

떠나가는 뒷모습조차
보는 눈이 시리다 못해
짐짓 아리다

한때는
가을 하늘 더 높은 곳에서
고운 꿈도 꾸었으리

살아있음이 힘겨운가
뚝, 또 한잎 떨어진다
철렁, 내 마음도 내려앉는다

고독한 귀로
더 이상 사랑하지 못한
가슴속 사랑
가을빛 한 설움에 눈물 떨군다

이별 연가

나비야 나비야
날 두고 어딜 가려 하니

네 떠나면
약속 없는 춘경(春景)을
또 어이 기다리란 말이냐

개나리 필 때 널 만나고
장미의 붉은 꽃물들인
네 더듬이에 넋 잃어버린
여름보다 더 뜨거웠던
우리 사랑의 꽃밭은
또 어이하란 말이냐

아직은 가지마라
찬서리 내린 노오란 국화꽃은
다 피지도 않았는데
서둘러 가 버리면
눈물처럼 흔한 세상 이야기
그 누가 불러 준단 말이냐

기약 없는 기다림
너무나 아득하여
꽃내음의 기억마저
이별의 눈물에 젖는구나

내 사랑

행여
잊힐까 멀어질까
안온하던 맥박이
잠시 숨 가쁘게 떨려온다

청고하고 고아(高雅)한 내 사랑
그 뜨겁고 벅찬 흠모(欽慕)가
사랑이기 전 아픔이었던 날들

예전에도 그랬을까
무심의 마음에 파고든 광명의
오묘한 경지가 바람조차
희박(稀薄)하게 비켜가는
상상만으로도 숨이 막히는
내 사랑의 영광(榮光)이었을까

운명의 채찍 앞에
잡은 손 놓아버린 손끝의 감각이
찬바람에 무디어 질 때
마음의 하늘을 무한 날아
내 사랑 그대에게로 가리라

우울한 날의 초상

꽃 속에
바람 속에
일렁이는 그리움

꽃 나뭇가지 끝에
한 자락 노을을 걸고
참고 또 참았던
광기 어린 울음을 토해낸다

달콤하게 유혹하던
네기로부터 달아날 수 없어서

붉은 혈관을 스며 나오는
쌓인 기억을 지우며

슬픈 나를
봄바람이 달랜다
뜨겁게

꽃이여, 사랑이여

달콤한
꿈길에서 만난
첫사랑의 연인처럼

껑충껑충
푸르게 솟아나던
유년의 꿈처럼

보는 이 마다
가슴 뛰었다

그리운
너의 얼굴
늘 정겨운 친구 같은
온유(溫柔)의 하늘을 닮았다

붉은빛 뜨거운
사랑의 말 없었어도
온천지 가득한 네 모습

나의 꽃이여
나의 사랑이여

아름다운 당신의 향기

어느 늦은 밤
창밖에 별 하나
초롱이 무상의 눈빛 다정히
오래도록 연모하던 정하나 건넨다.

당신의 마음 끝을
맴돌던 지친 나날
감출 수 없는 투정을 항복하고

무소유를 슬퍼했던
이기의 눈물 걸러
맑고 투명한 유리잔을 만들며

우릴 질투한 바람의
위태로웠던 보랏빛 우울 녹여
달콤한 당신의 향기를 마신다

이별 그 후

홀로
유배된 외딴 섬
거친 파도소리 마력의 잠을 깨우고

텅 비워 서러운
헝클어진 눅눅한 땅의 균열로 휘청댄다

절망의 거센 파도는 부서져 쓰러진
가슴속 푸른 멍울을
하얀 통곡으로 윤색시키고

밤새 품었던 섬을 버린 갈매기
아련한 손짓
탐색 된 새 둥지를 찾아 떠날 때
손닿지 않는 눈물의 박수를 보낸다.

몰아치던 폭풍우에 놀란 가슴
한 가닥 실바람에 거친 숨을 고르고

냉정함을 되찾은 성찰의 발끝에
빈 소라껍데기
떠난 사랑을 용서하라며
호소 어린 비원(鄙願)의 눈망울
썰물에 젖어든다.

하늘의 꿈

물안개
잠 깨우는
새벽바람에
나도 따라 눈을 뜨면

나보다 더 아끼던
너의 따뜻한 품에서
또 하루 살고 싶다는
세상을 품는다

말갛게 환한
널 닮아버린 청정 하늘에
사랑하던 너를 사랑했던 사람들
지금도 사랑한다
열정 어린 뜨거운 가슴

이미 떨어져 여미어진
미움으로 떠난 꽃잎의 슬픔에
구겨진 인연을 다림질하며
저만치 너 있는 파란 하늘에
비상하고 싶은 하늘의 꿈

지구 끝에 서 있는
너의 그리움만큼이나
하늘은 끝없이 높기만 하다

2부. 슬픈 연가

그대 슬픔으로 날 찾던 날
그 길에 깔아 놓은 생명의
꽃향기는 내가 기억하고 싶어요

그대,이제 내 안에서 울지 말고
내 사랑 속에서도 울지 마요

-슬픈 연가 중에서-

슬픈 연가

그리우면
죽도록 그리워하면 되지
그대, 손을 흔들지 마요

처음 손을 잡던 날의
벅차오르던 감동은
남겨 두고 싶어요

숨어버린 태양조차 등진
어두운 거리의 차가운 노래에
그대,내 영혼마저 희롱하지 마요

그대 슬픔으로 날 찾던 날
그 길에 깔아 놓은 생명의
꽃향기는 내가 기억하고 싶어요

그대,이제 내 안에서 울지 말고
내 사랑 속에서도 울지 마요

기억 없는 이름으로 남은들
마음 아니 섧고
다시 만날 약속 없었어도
서럽다 하지 않으리니
이젠, 서러운 몸짓이랑 하지 마요
가슴이 저려 아프니까요!

장미

가끔 너를 훔쳐
가지런히 예쁜 꽃밭 일구었다

행여 붉은빛 상처 물들세라
저만치 흔들려 뒤돌아 본다

눈부신 붉은 꽃잎
마력의 향기 나를 묶어
아 어찌하리 닿지 않는 그리움
꿈이었었다

그립다
보고프다
옥 구슬 보듬은 맘일랑
어둠 속에 묻히고

무심결 축복 없는 이 밤
바스라저 흔적없는
나의 장미 뜰엔
초롱초롱한 별
영롱한 혼으로 피어난다.

그런 널 이제 사랑하련다

비바람
혼돈하던 하늘은
무지개를 내게 보내시었고

생각이 물안개처럼
난무하는 혼란 속에서도
석양 노을 농익은 고운 빛깔
설렘으로 물들게 했어

부신 햇살이
나의 눈을 채웠던
그때가 언제였는지
우연 같은 바람 되어
서성이는 그리움으로
찾아오기도 했어.

이제, 눈길 머무는 곳에서
애련의 손짓 보내지 않아도
가까워지지 않는 발걸음
대답이 없어도
그런 널 이제 사랑하련다

쓸쓸한 날

수면(水面)의 부족인가
햇빛에 달구어진 나뭇잎들이
파르르 경련을 일으키지만
오늘은 보아 주는 이 하나 없다.

욕심 없는 작은 바람
아주 잠시
파문 지며 사라지는 천사의 모습

그대, 아름다운 손짓에
넋 놓아버린 매미 소리
천사의 그리움이 녹은
애련의 눈물인가

가슴으로 부르던
열애의 노래도 지친 듯
그저 그렇게 흐느끼듯이
아련한 꿈길처럼 멀어져 간다.

샛별

깨어 있어 깊은 밤
깨어 있어 더 깊은 밤

아득한
기억으로만
자꾸 쏟아져 내리는 것

선잠 자듯
빨갛게 부푼 눈으로
너를 세노라면

여명이 밝아 오기는
아직 이르다.

석류

천고에 흐르는
푸른 혈맥같이
속으로만 싹이던 붉은 피

그 아픔
아무도 모르던 눈물

끝내
빨갛게 불거져 터진다.

쓸쓸한 독백

꽃 속에
바람 속에
일렁이는 그리움

꽃 나뭇가지 끝에
한 자락 노을을 걸고

참고 또 참았던
광기 어린 울음을 토해낸다

달콤하게 유혹하던
네기로부터 달아날 수 없어서

붉은 혈관을 스며 나오는
쌓인 기억을 지우며

슬픈 나를
봄바람이 달랜다
뜨겁게

춤

그윽한 그대 눈빛에
잊혀진 푸른 세월의 문을 열고
파르르 떨리어 오는 손을 잡는다

해는 달을
달은 해와 같이
서로를 연모 하면서
이룰수 없었던 슬픈 사랑을
고혹적인 룸바 스텝에 싣는다

애절한 사랑의 속삭임을
더불턴으로 세월을 되돌아서온
그대 품에 감미롭게 안긴다

빙글 빙글 돌아가는 세상
함께 돌아간다
아무것도 생각 않는다

스톡 워킹
오버턴 뉴욕 스핀

터널을 지나 또 한번의 스핀
풋 체인지로 세월을 건넌다

음악이 멈추기 까지
불꽃같이 뜨겁게 타오르는
넌, 나의 열정 어린 사랑이다.

*스톡 워킹(Stalk Walk)
*오버턴 뉴욕 스핀(Overturn new york spin)
*터널 (tunnel)
*더블턴(double tunnel)
*풋 체인지(foot change)--- *이것은 라틴댄스 용어

비가 내리면

하얗게
잃어가는 삶으로
한 계절의 아픔을
가슴으로 앓을 때

계절 모르는
비가 내리면

쏟아지는 눈물
대신하는 하늘에 선
몸채, 추락하는
수직의 그리움으로
네 가슴 파고들 때

그대, 흘리고 간
젖은 낱말들은
빗소리에 묻힌 채
들리지 않는다.

꽃샘추위

가시나무처럼
온 겨울 그리 아프게
모질게도 할퀴더니

토라진 여인의
비정한 심술인양
남아 있는 미운 정마저
다 떨치고자 냉혹했던 얼굴

어스름
달빛에 숨어 흐느낄 때
이미 그대 떠난 줄 알았더니

무슨 미련인가
다시 돌아와
빈 가슴 사이를 휘젓는
매몰찬 바람

부싯돌로 불을 붙이면
네 언 가슴 녹을까

봄의 기원

야위어진 겨울 숲속엔
오직 사랑할 일밖에 없다
아직은 예쁜 꽃도
나비도 겨울잠에 침묵하고

떠날 수 없어 숲을 지키는
절제된 겨울새의 노래와
맨가슴 드러낸 마른 나뭇가지
서로의 상처를 보듬지 않으면
안 되는 것을 알기에
열애의 동행자로 승리를 예감하며

숨죽이고
숨죽이고 얼음 밑을 흐르는
영혼의 물소리 시린 혈맥을 잇고
봄의 행진을 도운다

꽃필날 멀지 않았다고
서로의 가슴을 포갠다.

고독의 꽃

빨강 파랑 노랑
원색 향연을 위한
새로운 생명에의
창조 의식이었을까

생명의 박력을 좇은
창조의 불꽃이 그랬을까

고뇌와 망념(妄念)의 세월
아픔을 삼키고 또 던지며
그렇게 피어나고
또 피어나려 했던
그대 몸부림은
몇 겁을 두고 진화해온
환생의 꽃이었네

붉은 꽃 피고
노란 잎 진자리에
고고하게 피어난 파란 생명

그대, 홀로였어도
서럽지 않은 내 안, 붉은 꽃
그윽한 향기로 피어
오늘도 내 마음 정화한다

시들지 않는 꽃

내 몸같이 사랑한 당신은
내 안 따뜻한 온실의 꽃이었었지

행여, 바람불어 시들세라
뜨거운 가슴으로
바람을 막기만 했지
비상하는 네 꿈에 닿을 수 없었다

흠도 티도 없는
오묘한 경지의 소중함이었기에
기구(機構)한 운명까지 버렸었다.

일념(一念)의
아교질(阿膠質) 생명으로
내 가슴에 피어난
그윽한 네 향기에 취한
또 하루는 꿈이었었다

꽃바람

꽃향기에 취한 나비 한 마리
흥겨움에 젖어 해지는 줄 모른다

아침 이슬처럼
톡톡 튀는 푸른빛 투명한
경이의 세계에 감미(甘味)된

첫사랑의 설레임처럼
눈멀어진 영혼의 열병처럼
더듬이에 붉은 물들이며

몽중몽(夢中夢)의
세상바람 잊은 채
아직도 나풀나풀 흔들흔들
순정한 유희(遊戲)의 몸짓

석양 물들어 가는
인생의 꿈동산에
반짝 날갯짓
꽃 바람에 흔들려본다

사랑의 묘약

사랑, 두 글자만으로도
빙그레 웃음 짓게 한다
가슴에 불을 지펴
영혼을 따뜻이 데우기도 한다

보이고 들리는 것
모든 삶의 이유
그 어떤 은유법이 아니어도
아름다운 모습으로
반짝, 빛나게도 한다

온다는 말도 없이
내 안에 숨어들어
파도 위를 울렁이게도 한다

그리움으로 살금살금 다가와
내 품에 안겨서는
갖고 온 뜨거움을 풀어 놓는다

곁에 없는 당신이 보고 싶다고
아우성도 쳐본다

봄 햇살

겨우내
숨어 살던
풀 잔디 고개 들 때

세상은 따뜻하게
온몸으로 꼬물거린다

아직은
시린 바람 아랑곳하지 않고
움츠렸던 가슴 열어
파릇파릇 기지개를 켠다

인내로운 끈기
묶어 두었던 마음의 끈을 풀어
녹아든 강물 위를
출렁출렁 미끄럼 타본다.

체념(諦念)

바람 타는 서러움
인식의 손을 버릴 때
하늘에선 하얀 눈이 내린다

정직한 공허를 위한
아름다운 소멸의 용서인가
하얀빛 순결한 세상이다

무소유를 슬퍼하든
질주하든 붉은 욕망과
투명하지 못해 단절된
아픔의 비명조차
흰 눈 속에 동사시킨다

닿을 수 없었던 마음조차
하늘빛 하얀 옷을 갈아입힌다

늘 이어져 있는
하늘과 땅 사이에
새하얀 눈이 덮인다

봄바람

당신의 겨울 침묵에
반란의 내 아우성 몸짓에도
거들떠보지 않던 무심

나풀나풀 입맞춤한
노랑나비 유혹하여
얄밉도록 교태 쓰련
가 느린 유화의 자태로

살랑살랑 내 마음 흔드는
달콤한 열애의 유열

형형색색 현란한 당신의 손짓에
아지랑이 봄 처녀 하늘로 오르고

숨어 피던
그리움의 꽃봉오리
당신의 뜨거운 입김에
꽃의 정령으로 화들짝 피어날 때

붉게 물든 내 마음
또 한 번 불꽃으로 쓰러진다

꽃구경

황홀한
당신의 품에 안겨
하루를 붉게 울고 싶었다

잊겠다
떠났던 발길
노란 기다림으로
먼저 달려와 손잡는
연분홍 그리운 눈빛

당신의 하루는
너무 예뻤다

봄 깊은 아지랑이
무릉도원 붉은 깃발
하늘로 올리니
하늘조차
온유의 붉은빛 물들어지고

꽃보다
더 예쁜 당신
봄빛 겨운 그 품에 안겨

꽃에게 조차 시샘 받는
당신의 사랑이 되고 싶었다.

슬픈 인연

바람불어
외로움에 견딜 수 없을 때
그땐, 우리 꿈을 꾸자

너와 나
이미 알지도 모를
슬픈 인연으로
이 세상에 남으면 어떠리

현실의 부자유가
얼마 만큼의 날 수 없는
슬픔이 있다 해도
그땐, 우리
고운 무지개 꿈이라도 꾸자

소망을 넣고
사랑을 심은
네 품에서 나 살아지고

작은 바람
한 방울의 눈물로도
꽃이 피는 내 가슴에서
너 살면 되는 사랑만 하자

너 거기 있어 우리 외로운
나 여기 있어
슬픈 인연일랑 세월에 띄운 채

우리 인연
슬픈 꿈으로 남을지라도
지금은 죄없이 사랑하는
혼령이 되자.

그대 바람이 되신 이어

새처럼
자유로이 날고 싶어
손에 닿을 수 없는
그대 바람이 되신 이어

어젠
당신의 무심으로 건조 시킨
내 영혼을
참 많이도 헤매게 하시다가
안쓰러운 눈빛 하나 보내시어
감동의 눈물비로 적시더니

오늘은
하얀 눈길
내 마음 고즈넉이 절도하여
앞산 뒷산 하얗게
신의 성수인양 뿌리시니
축제의 함성 뒤 곁에
고개 숙인 나 홀로 외로움

무지한 넋두리
침묵이어도 좋을
기다림의 은신처에서
당신의 손을 잡고 싶다
당신의 뜨거운 숨결로 피는
꽃이 되고 싶다

그대 바람이 되신 이어.

짝사랑

아무도 모르게
우리도 모르는 체
그렇게 널 사랑했다

퇴색되어 버려진
가난한 사랑의 빈터를
너의 이름으로 채우며
보랏빛 꿈에 부풀고

사랑인 줄 너 몰라
미웠던 마음
나 홀로 연분홍 꽃 피웠다

밤이면 하늘 가까이에 둔 마음
너의 별이 오를까 봐
소원하는 침묵

초라한 내 꿈에 저려 오는 그리움
뭇 별들 하 많은데
네 별꽃 오늘 밤도 아니 보이네.

이제, 넌 내 운명이 아닌걸

마음을 다 주었어도
넌 다 알지 못했다

가지마라
눈물로도 잡을 수 없었던 넌
날 위한 노래
한 번만 불러 달라 했건만
넌 듣지 못한 체
내 영혼의 한 페이지에
노랗게 굴러진 달력처럼
빛바랜 네 향기
잃어버린 날의 희미한 무정이건만

유혹의 바람
밤바다를 넘어
이젠 아무 감동도 감흥도 없는
내 귓가의 소리
마할나 마할키타 마할린 키타
(사랑해 사랑해 사랑해~~)
애절한 보챔
네 말까지 잃어버린 기억

이제, 넌 내 운명이 아닌걸

네가 보이지 않는날

하나 둘
쓸쓸함이 더해지는
덧없는 심연
눈부신 햇살이어도
자꾸만 흐려지는 네 모습

하루를 구르고 또 굴려도
해는 지지 않았어

무심결 바람이 지나는
어느 낯선 도시의 미로
아스라이 멀어지는
네 그림자 따라
바람처럼 달리고 또 달려도
길의 끝은 보이지 않았다

별들의 꿈이 피는
하늘 향한 손짓
차마 거두지 못한 체

날지 못해 새가 되지 못한
슬픔의 심로
한 걸음 한 뼘만큼의 사랑이라도
되돌려 준다면

내 힘겨운 고난의 장르
자유로이 허공을 일렁일 수 있을까
너의 구속에서 평화로워 질 수 있을까

네가 보이지 않는 날에도.

3부. 그리움의 불꽃

오로지
하늘 바라보는 열망으로
별의 꿈을 담고
뒤돌아보지 않은 채
이젠 돌아갈 길마저
찾을 수 없을 것 같다

무모한 고행일까
보이지 않는 길의 끝에
서 있을 오직 하나 당신

-그리움의 불꽃 중에서-

그리움의 불꽃

당신의
가슴 빛 따라
한참을 가고서야 고개를 들어본다
어디인지 알 수가 없다

무지개 다리를
건넌 것 같기도 하고
꿈속과 같이 꽃길을 달려 온 양
세월마저 잊고 살았다

오로지
하늘 바라보는 열망으로
별의 꿈을 담고
뒤돌아보지 않은 채
이젠 돌아갈 길마저
찾을 수 없을 것 같다

무모한 고행일까
보이지 않는 길의 끝에
서 있을 오직 하나 당신

포기와 절망을 잊은
푸른 꿈을 다시 엮어
잠시 비틀거린 걸음
가던 길 다시 걸어가 본다

봄

여울목 송사리떼 숨나 들고
미풍에 어우러져 속삭이는
개울물 소리
더 세지고

밤이 오고 달 뜨고
밤이 오고 달 뜨고…

어느새 다가와
서 있는 그대는

얼굴 붉히며
더욱더 사랑할
당신

봄이 왔어요

연분홍빛
꽃잎에 입 맞추고
겨울 허물 벗는다.

향기로운
열정

보드라운
꽃잎
활짝 펼치고

새롭게 환히 웃는다.

꿈꾸는 봄

푸른 잎
죄 다 버린 겨울나무

머잖아, 마른 가지마다
꽃필 날 알고 있기에
세월의 더께만큼 쌓인
물기 없는 사랑에도
구차한 변명같이 윙윙대던
그 오랜 슬픔의 말도
꾹꾹 눌러 서럽지 않았다.

절망 할 수 없어
얼음 밑을 흐르는 쓰라린 뿌리
인내로운 끈기로 혈관을 관통시키며
그렇게 서러운 꿈을 꾸며
모진 겨울 잘도 참고 견디어왔다.

따스한 온기와 굵어지는 햇살에
한 무더기 푸른 생명으로

환생할 그날을 위해
차가운 가슴마다 가지마다
맑은 시냇물로 흐르기 때문이다.

이제 봄이 곧 잇대어 올 것이다.

봄비

겨우내
엉켜진 마음을
우산 하나로 받친다

흠뻑 젖은 육체엔
의지 여물고

척박한 이 땅 위에
부드러운 목소리로
나를 부르는 그대

살며시 속삭이듯
겨울옷 벗는 소리

이제 봄인가 봐

하얀 꽃 이팝나무

당신만의 사랑이고 싶어
파란 잎 위에 흰 꽃으로 핀다

꾹꾹 눌러 두었던 그리움
지천으로 깔린 고요를 밀치고
은빛 햇살을 애정으로 모아 담을 때
비로소 하얀 나비처럼 날아오른다

불러주세요
열어주세요
가리지 마세요
숨기고 싶지 않아요
따스한 그대 품에 안기고 싶어요
흰 눈처럼 알알이 맺히고 싶은거예요

내 영혼마저 하얗게 태운
당신의 붉은 사랑이고 싶어요.

꽃

그저, 바라만 봐도
붉게 타는 목마름

계절을 바꾸어도
바람에 흔들려도
나비가 날아드네
모두 사랑한다 하네

멍울멍울 맺힌
꿈 봉오리에 설렘 싣고
시들지 않는 열정
가까운 향기로 내 마음 사로잡네

새들도 노래하며 춤추네
나도 사랑하네

버리지 못한 외진 세월
네 뒷모습에도 가슴 뛰는 순정
울렁울렁, 출렁
수채화처럼 붉은빛 물들어가네.

유혹

두 마리
뱀이 엉킨 형상은
황금빛 여의주를 입에 문
용(龍)의 모습이었다

붉은
용암 속에서 솟아나는
황홀한 불꽃이기도 했어

가슴을 열어 식혀도
꺼질줄 모르고
솜사탕처럼 달콤하게 스미는
신기루 세상을 보여 주기도 했다

그, 뜨거운
핑크빛 유혹에 시달린
며칠은 불면증에 앓아누웠어.

결국, 이룰 수 없는
백일몽(白日夢)이었던 것을

질투

길다랗게 이어진
오후의 푸념은 어둠속에서
주황색 불꽃으로 가슴을 친다

뜨겁고도 위험하게
비밀처럼 간직한
무지개 꿈마저
활활 태우는 가연성 가슴

새벽별이었어도
화려하게 떠오르는
아침 해에 가리는
하얗게 뜨는 별의 비애

사그라지는
검은 연기에
끝내
주르륵 흐르는 눈물
이제, 널 잊을래.

내일

생의 상념이
착상된 이미지로 변색할 때

시간의 틀에 놓인 자리에선
꿈도 머물어져 희미해질 때

소리 없이
지나쳐간 무수한
내 꿈들은 무엇이였을지

미세하게 흔들리던
떨림을 잃지나 않았는지
투명해져 버릴 때

용트림치며
피워 오르고 싶다
다시 한 번 아우성쳐 줄지
내일에는.

갈망(渴望)

해가 뜨면
난 알아요

매 밤마다
어둠이 허공에 쌓은 탑을
까닭 없이
무너뜨려 버리는 이유를

언제나처럼
쓰러진 탑 둘레를
탑돌이 하던 바람이
비쳐드는 아침 햇살에
동면하던 나의 꿈이
비로소 눈을 뜨는 시간인 것을

생명이고자 기도하던
작은 사랑이 밤을 밀고 자라난
신선한 아침 원색에
빨간 가슴의 꽃으로 피어난 것을
해가 뜨면 난 알아요

욕망(慾望)

너를 갖고 싶어
입안 가득 고이는
침을 삼킨다

내 속 뜨거운
악마의 반란인가

팽팽하게 당겨진 줄에
위태로운 힘을 가한다

부풀어 오른 몸짓은
한순간의 열망에
이탈된 길을 질주하고

널, 버리지 못해
끓어오르는 불덩이
얼마만큼 더 품어야만
초연(超然)한 무쇠 가슴이 될까

탐하는 마음 알길 없는
무심한 바람
또 속에 불을 지르고 지나간다

따뜻한 봄날

숲을 흔드는
새떼의 날갯짓에
하루의 꿈을 싣고

땅 냄새로 깨어난
초록빛 일출을 따라
온몸으로 당신의 생을 껴안는 아침

손에 흙을 묻혀
새로운 당신의 봄 뜰에 꽃을 심고
세상에 서기 위한 치장을 한다.

꽃잎을 태워버린
열정 어린 한나절
내 그리도 아팠던
지난봄 떠나버린 사랑에
혼절하여 쓰러진 아픔조차
당신의 꿈 만큼
가슴만큼의 사랑을 채우며

눈이 부셔 볼 수 없었던
빨라진 당신의 하늘

오늘은 이 몸 녹는
따스한 햇살로
당신 만나는 단꿈 꾸어본다.

폭염(暴炎)

뙤약볕 내리는
지친 숲 속에선
바람마저 말이 없고

뜨거운 하늘이
밭밑을 지나는
열에 들뜬 신음소리
아스팔트를 다 녹이고도 모자라
무쇠 같은
내 가슴마저 까맣게 태운다.

얼마를 더 품어야
너를 가라앉힐 수 있을까

네 속 뜨거운 반란
천둥소리 소나기로 울음 할까

궁색한 내 가슴에
다시, 널 부둥켜
땀에 풍덩 잠긴다.

국화, 그 옆에서

쪽빛 하늘
돌아서온 찬 서리에
한밤 내 흠뻑 젖은 황금빛 꽃술
어여쁨이 차라리 눈물겹다

아픔 하나 없는
신선한 모습
잠에서 막 깨어난
뽀송뽀송한 아기 얼굴 같다

그 밝은 꽃빛에
높아진 무언의 외로움 녹이며
꿈을 버린 내 가슴 모서리에서
마냥 웃고만 있었던
출렁, 눈물 고인 긴 기다림

그대 그윽한 눈길
유혹하지 않아도
네 꿈에 다시 살고 싶은 회환

운명은 긴 세월을 넘어
전생에 못다한 사랑
다시 내게로 온 꽃이었나

어느듯 저문 뜨락엔
노오란 모습의 그대가
찬바람에 영원할 듯 피어있다.

일탈(逸脫)

밤마다 별을 따는
꿈을 익히던 지난날이
내 사색의 깊이에 갇히던 날

많이 아프고 난 뒤
아기 바람에도
죽음처럼 넘어진 서러운
내 그림자에 놀라 피식 거리며
종일 부끄러워
민망한 웃음을 흘리던 날

세상 미련에 가득 찬
욕심은 줄지 않고

허물어지는
별 하나 놓치지 않으려
움켜진 손아귀엔
살점만 자꾸 줄어드네

꿈

드르륵
윙~
단잠 깨우는 긴장의 순간
바로 가슴에 여울지는 파장

공주님 사랑해…
몇 음절의 문자 메세지

심장에 연결된
동그랗게 커진 눈 속에
빨간 생명의 불이 켜진다

별나라 왕자님의
공주가 환한 웃음을 보인다

가다가
되돌아오던 달콤한 꿈에서
다시 눈을 감는다.

어떤 상처

때, 늦게 찾아온 더위에
땅은 신열(身熱)을 앓고
흔들흔들 솔잎은 춤을 추더니

흰 구름 따라
바람이 일어선 자리엔
흐릿한 꿈 색깔
하루가 백날 같은 원점에서
멈춰진 해 시계가
뙤약볕에 별꽃을 찾는다

가는 계절 저항하듯
현실에 낯이 설은 새 한 마리
상처가 난 날갯짓 퍼덕이며
가슴으로 우는 설움

여름밤 쏟아지는 칼바람을
품어 안은 이름으로 서서
어둠 속에 긴 목을 놓는다

고목(古木)

예쁜 꽃보다
더 위대한 당신은
내 어머니의
넓고 넓은 품속 같습니다

짙게 그을린 세월의 풍상을
줄기 속에 품으시고
여념 없는 푸르름으로
오늘도 한세상 살아 가는법
잔가지에 수유(授乳) 시키시는
당당한 몸짓

지난 날 캄캄했던
내 몰약(沒藥)의 어둠에서도
수만의 잎 흔들어
금, 은빛 보내 주셨던
믿음과 사랑

나의 북풍은 오늘도 불건만
그 슬픔 막아 주시는 당신은
나의 영원한 지주(支柱)이시고
고목같이 버팀목 되시는
내 위대한 어머니 당신입니다

여름 이별

오로지 하늘 향한
열망의 가슴 풀어 젖히던
해바라기의 까만 진실이
열매로 다 익기도 전에

하늘하늘 가 느린
코스모스의 유혹에
비켜나는 도난당한 서러움

풋말처럼 터지는 설움이
자꾸만 널 미워 할 것 같아
네, 뜨거웠던
정념의 불꽃 기억하며

이 세상
모든 희망과 행복이 전부였던
우리 뜨거웠던 사랑은 어이하라고

아직은 낯익은 네 모습
잦아드는 어둠에 고개 떨군다.

전언(傳言)

그대 향한
먼 그리움
바람에 흔들린다

아, 어찌하오리까
가슴 터져 나온 봇물처럼
어쩔 수 없이 가라앉혀둔
자제되지 않던 말
이제야 사랑 노래 부른다

바라보는 눈빛 없었어도
남몰래 간직하고 싶었던
이미 알아버린 애련의 전언
그러나 사랑한단 말 하지 않았다

그 질긴 인연을
우리는 알고 있었기 때문이다

먹구름 사이에서도
반짝이는 별의 눈물을 알기에.

비오는 날은 더 그립더라

며칠째 바람으로
투정하던 하늘은
진종일 비를 내린다

마음에서 살 수 없었던
위태로운 연정을 걷어내듯
먹구름 헤집고 참았던 그리움을
장대비로 쏟아낸다

멈출 수 없어 쌓아 두었던
반란하는 그리움과
마음에 들일 수 없어
미운 마음으로 떠도는
먹구름까지 불러

서러워 서러워서 목메인 한을
살풀이춤을 추듯
그칠 줄 모르고 둥둥 이며
쏟아내는 가슴 시린 빗줄기

이렇게
하늘이 우는 날엔
나도 따라 울며
그리운 널 만나
쓰러져 울고 싶어라.

애모

햇살 고운 창가
잠겨지지 않은
내 마음의 문으로
당신 아닌 나, 모르는 이가
문을 열고 들어올까 두려워

달콤한
꿈 냄새와
따스한 눈빛에 녹아
금방이라도 나,
점령당해 쓰러질 것만 같아

그 마음 아시는
당신의 작은 바람
하늘을 가로질러 내달려온
연둣빛 하나의 순정

손닿으면
시들세라 깨질세라
맘 졸이는 안쓰러운 일심

준열하고도 엄격하게
쏟아지는 햇살을 품어 안은
이름으로 서서
빛고운 사랑 한 줌의
그리움만 가득히 쌓아놓고 간다.

가슴앓이

죽도록
사랑한다 하여도
바람 불면 흔들리고

바다를 품고 있다 한들
비 오면 비에 젖는 무정

가까운 듯 멀고
보이는 듯 아니 보이는
숨죽인 네 무풍에
진종일 투정하는 바람

꾹꾹 눌러 외면했던
빈 가슴으로 서성이던
나의 지친 영혼이
네 아픔에 끌려다니던 하루

차라리
눈 감아 버릴까
귀를 막아 버릴까

자꾸만 널 잃어버릴 것 같아
나래치는 가슴

조롱하듯
빙그레 웃고 있던 추억 하나
파랑새 찾아 길 나선다.

황홀한 고백

여린
풀잎 향 같음인가
아니면 수줍음 감춘
소녀 성 눈빛이런가

푸른 새싹 움트는
신음 소리인 양
잠시 미풍처럼 지나는
바람인 줄 알았다

무념(無念)의 빛이 쌓이듯
마냥 그렇게
갈매기 한가로이 노닐듯
그 따사로운 평온의 안식
마냥 웃는
삼라만상의 하늘빛인 줄만 알았다

무심의 바람
가까이 있는 듯 머지않아

어깨 감싸는 이슬비로
잠시 옷만 적시고 떠나는 줄 알았지
외곬의 내 가슴 흔드는
소나기 사랑인 줄 나 몰랐다.

추운 겨울 춥다 않는
따스한 눈빛
그 모습 그대로 서서
동면하던 나의 잠을 깨우는
겨울 무지개 사랑인 줄
이제 알았노라고

황홀한 고백
이제야 너를 본다.

귀향

어느 하루
가슴에 품은 꿈을
모두 잃어버리고서
문득 너를 생각한다

잘익은 사과의 향기가
엄마의 젖내음 같이 촉촉한
그리움으로 배어 있는 땅

도시의 바람에
절름 절름 달아나는
헝클어진 삶이 가슴 가득
외로움으로 현기증을 느낄 때

내 푸른 날 의 꿈이
별, 달님 담아
맑은 강물로 흐르는
넉넉한 품의 고향

첫 사랑의 연민이
빨간 호흡으로 피는
네 있는 그곳으로 돌아가고 싶다.

귀가(歸家)

긴 해 그림자
주춤거리며 짧아진 골목길
어제와 다른 바람의 감촉
설핏 한기를 느낀다

옷깃 여민 손끝에 묻어나는
하루를 지우는 지친 호흡은
어스름밤 소슬바람에 묻히고

하나 둘
불이 켜지는 창가
포근한 둥지가 그리운
낯선 발자욱 스쳐 지나는
쓸쓸한 길목에
초롱한 별 하나 마중나온다

4부. 바위섬 지금도 그곳에는

가슴에 묻어 두기만 하여도 벅찬
전설 속 바다 이야기와
태초부터 하나였던 사랑이야기

당신의 뜨거운 숨결이 흐르는
바위섬 지금도 그곳에는
어둠 속 찬란한 신기루 성을 이루고

-바위섬 지금도 그곳에는 중에서-

바위섬 지금도 그곳에는

당신의 가슴속에
풍덩 빠져버린
작은 조약돌 사연 하나

조금씩 사랑으로 자라
넉넉한 품의 큼직한 집을 짓고
기쁨의 문을 단 바위섬이 된다

편력(遍歷) 된 세월의 길목에서
깊은 바닷속 물고기를 만지며
비릿한 갯내음 휘- 한가락
해 조음 싣고 바람불어 날 찾던 날

가슴에 묻어 두기만 하여도 벅찬
전설 속 바다 이야기와
태초부터 하나였던 사랑이야기

당신의 뜨거운 숨결이 흐르는
바위섬 지금도 그곳에는
어둠 속 찬란한 신기루 성을 이루고

하루의 윤회로 돌아온
내 아름다운 당신은
바위섬의 별이 되어 오늘도 흐른다

가을밤의 연서

아픈 인연 하나에
쓸쓸했던 네 뒷모습조차
투명한 그리움으로
윤색되는 밤

퇴색되어
허허로운
갈색 빛깔 물든
잊힌 추억 하나 들고서

산 넘고 물 건너
갈바람으로 달려와
내 영혼의 지친 그림자로
길섶에 눕는 밤

정체성 없는 그리움은
연륜처럼 쌓이는
아픔의 그림자만큼
높아지고

그리워 아린 가슴
총총히 빛나는
샛별을 보기까지
사랑의 메시지는 나의 시간이다

노을 지는 강가에서

빨간
가슴으로
당신을 데운다

희멀건 도시 주변의 풍경을
붉게 데워진 가슴으로
껴안는 당신의 형상은
금빛 아름다움이다 못해
차라리 얄밉다

다 채우지 못한
위태로운 생명이었던
당신의 사랑은
하루를 지우는
석양을 바라보듯이
그 슬픔
이미 나를 알아버린 애련

사랑하던 때에
어여쁨만 기억하라는

신의 계시인양
나를 쓰다듬는 강바람

그대 눈에
꽃이었던 하루를
여울지는 강물에 띄워본다.

가을꽃은 시들지 않는다

하얀 구름 언덕을 넘는
광활한 평원 위에
율동 하는 코스모스의 군무를 본다.

저마다 지닌
꿈만큼 가슴만큼
고운 빛깔 풀어
신념의 땅에 재연시키는
하얀 꽃잎 추억 흔적
가슴속 붉게 핀 정결한 사랑이었지요

온 계절 피고 지는 꽃 중의
마지막 사랑, 가을 코스모스
가느다란 바람에도
넘어졌다 일어나는 역동적 몸짓
아름다운 당신을 축제하는 사람들
가슴에 쌓인 고해(苦海)마저도
서정 소곡으로 흐르게 하는
환희의 기쁨, 초록 꿈에 가두었지요

찬바람 부는 설한의 겨울이
나를 잃어져도
붉은 입술 가지마다 대롱 이는
하늘하늘 지지 않는
가슴 꽃으로 피어나리라.

자유

맑은 이슬 먹은
열연의 몸짓으로
하늘로 날아올라

어린아이처럼
어린아이처럼 두려움 없는
선한 눈빛으로

푸른 창공을 소유하는
새의 날개를 갖고 싶다

무량(無量)한
가을 햇살에도 마르지 않을
가난한 외로움조차
내 어머니의
포근한 가슴처럼 녹이며

금빛 둥지 하나
저 하늘 모퉁이에 트는
바람이 손잡아 주는
너의 사랑이 되고 싶다.

가을 사랑

우러러볼 적마다
한 뼘씩 위로 물러앉아
마음 다 내어준 하늘
청옥빛 고운 자태의 평화이다

꽃잎 태운 푸른 나뭇잎
홍조 띤 얼굴 새 꿈에 물들고

빗줄기처럼 쏟아지는
황금빛 햇살 유혹에
내 마음 덩달아 알알이 맺힌
들녘에서, 노오란 물결
넘실대는 파도를 탈 때

내 가난한 사람들의
영혼의 밀어가 담긴 또 하나의
밀레의 만종을 위한 기도의 기쁨

하늘과 땅의 축복이라
넉넉한 당신의 품에 녹고 싶은
망월의 기쁨이여, 노래여
나의 사랑이여.

가을의 꿈

풀잎에
풀벌레 울던 소리
성급히 찾아온 귀뚜라미에게
그 자리 내어주는 가을이 오면

몸 낮추어
더 높아진 하늘을 우러러볼 수 있는
겸손으로 살게 하시고

삶이 힘겹고 지친 영혼에게는
황금빛 가을 햇살을 뿌듯이 안게 하시고
막히면 돌아갈 수 있는
넉넉한 품과 여유로움을 주소서

다 피우지 못한 여름 꽃의 꿈이 있다면
가을 하늘에
다시 그리는 오색 꿈을 그리게 하소서

비가 내리는 날이나
별이 내리는 밤에는
아래로만 쏟아지는 이유를 알게 하시고

눈물 없고
감격 없이 떠난 자의
언 가슴에서도 사랑의 손 잡고
푸른 하늘 새처럼 날 수 있는
가을의 꿈이 무르익게 하소서
당신의 뜨거운 사랑이 되게 하소서.

가을 햇살

푸른 하늘
쏟아지는 열정의 가을빛을
가슴 한가득 품어 봅니다

한 움큼의 작은 미소를
얼굴 가득 담아
한 껍질의 가면을 벗어 보렵니다

그대 날 사랑한다면
눈이 시려 바라볼 수 없어
그대 눈빛에 돌아서는
나의 마음 읽어주세요

당신의 사랑에 잘 익은
탐스런 과일들과
넉넉한 황금빛 들판을
내 좋은 사람들에게 나눌 수 있는
당신의 따사로운 눈빛을
기억하게 하시고

겹친 구름이 내일을 가린다 해도
가을빛 순결한 기도 속에서
우리들의 우울을
투명한 햇살로 벗기게 하소서
사랑이게 하소서.

겨울 초상

꽃,
잎 지고
사랑도 떠났는데

마르다 남은
성하지 못한
겨울나무 가지에
궁상스런 나이테를 두른다.

딛고 건너야 할 살얼음은
아직 얇기만 한데
털장갑 낀 손 시리기만 하건만

설핏설핏 보이는
흰 너울 한 자락
꿈처럼 다가와
유리창마다 하얀 서리꽃을 피운다.

내일에는
느닷없이 눈보라 몰아칠 것 같다.

겨울비

거친 바람
멈추어버린 언덕배기에
어제의 낮달도 아니 보이더니

기여코 참았던
붉은 마음을 쏟아 놓는다

함께 살았어도
홀로였던 외로운 사랑
시들은 꽃 하나 보이지 않는
빈 들녘에

사계를 돌아서 온
흐릿한 모습의 그대가
뜨거운 눈물로 내 마음 적신다.

겨울 동화

하늘하늘
나래 펴는 소리에
정겨운 이야기 주우러
털장갑 빨간 목도리 두르고
하얀길 나선다

수만 송이
꽃 날개 달고 내려온
아기 천사들의 선경(仙境)인가
어찌 저토록 예쁜 세상일까

하룻밤 진통에
내 어둠마저 원색으로
덮어버린 하늘 열린 길 따라
앞서는 강아지
치달리는 눈 쌓인 언덕에

꿈을 굴리는 아이들의 손끝에
동그랗게 커지는
눈사람이 되고 싶다
긴-그리움 끝에 만나는
하늘과 땅의 사랑이 되고프다

눈(雪)

사뿐사뿐
걸어오는 당신의 숨결에
가슴이 뛴다

사랑의 말 없었어도 달려가
숨이 막히게 덥석 안기고 싶어

지친 발자욱 새기며
따라오는 거리에 서성이는
어둠을 껴안은
가난한 사람들의 시린 영혼마저
그대, 황홀한 품에 녹이고 싶다

송이송이
꽃잎 같이 날리는
그대 모습 눈부셔
차라리
불꽃으로 타오르고 싶어
그리움으로 알알이 맺히고 싶다.

겨울이별 그리고 봄

그대 밟고 간
겨울 그림자
배반당한 연인처럼
두꺼운 응달에 떨며
찬바람 헤매던 숱한
그대 인고(忍苦)의 나날

마른 나뭇가지마다
부풀어 오르는 꽃 순에서
퇴각하는
그대의 안쓰런 모습을 본다

단절된 체 다 못 맺은
사랑의 상흔(傷痕)일랑
뜨거운 눈물에 씻어보는 겨울 석훈

그 끄트머리에서
묶어 두었던 시련과 극기와
인내 끝에 얻은 승리의 실밥을 풀며
가는 그대 마음 섧지 아니한 건

등 기댄 창가
바람과 햇살의 이야기가
온종일 따스하기 때문이다

그대 사랑 꽃

겨울
꽃씨 하나
조그마한 꿈으로
물기없는 가슴에 심었더니
무심히 가녀린 온기에도
파릇파릇 새싹 돋아
그대 사랑 꽃으로 자라난다

동면하던 어둠의 연옥
그 속에 안겨
닿을 수 없는 별을 갈망하며
멍에 물든
애틋한 그리움의 인애(仁愛)

뜨거워진
내 가난의 땅에선
무던한 눈물 떨어져
어느새 곱디곱게 엮은
그대 사랑 꽃 피어난다.

겨울 연민

안녕이라고
찬 손 녹이던
향 짙은 커피 한잔의 추억이라고
떠난다는 말하지 않았다

달콤한
꽃나무 향기같이 맡고 싶은
그리움이라고
사랑한다는 말도 하지 않았다

다만, 그리움으로 남겨진
먼 시선끝
붉은 노을 속
세월을 헤아리며
느린 걸음의 그대가
뜨거운 눈빛 하나 너그럽게
이 겨울을 사랑하라 한다

사랑해
사랑한다는 이미 다 내어준 마음

연민의 겨울 사랑 한 자락
그대의 바람을 탄다.

아침 찬가

샛별을 가슴으로 태워
주홍빛 태양을 보기까지
눈물겨운 불꽃의 투항은
말갛고 환한 얼굴
당신을 보기 위한
승리의 기다림이었다

어둠의 연옥으로 쌓아올린
비밀성 무지개 탑은
원색의 아침 햇살에
여지없이 무너지는
당당한 쓰러짐을
아름다운 소멸의 용서로
다듬이 시고

하얀 꿈의 아침 찬가를
다시 준비하시는 당신

죽어도 차마 포기 못 할
꺼지지 않는 불씨 하나
환생의 아침을 또다시 두드린다.

겨울 무지개

새벽잠 깨우는
희미한 달 그림자
갓 태어난
새 생명의 사랑도 함께 일어난다

우리 처음 만나던 날
겨울비 꽃 비 되어 내렸고
마주 선 네 눈빛에
하늘빛 성이 되었다.

아무 말 없었어도
들려지던 네 목소리
감미로운 축복의 노래

너의 환한 미소
사운 되던 떨림은
전신을 흔드는 사랑의 메아리

손 흔들어 헤어짐의 기약함도
다시 만날 것을 염려하지 않았어도

마음 아니 섧고
어여쁨이었던 그대
겨울 무지개이어라

우리 함께 건너야 할 긴 겨울
일곱 빛깔 그대 사랑 꽃
거리마다 창마다 가득하다.

바람처럼 사라진 사랑

보랏빛 엷은
라일락꽃 그림자에
뿌연 흙 바람이 이는
독한 슬픔의 심연에도
난 울지 못했다

여린 풀잎처럼 새긴
네 향기 찾아
하루를 헤메어도
난 눈물 흘릴 수 없었다

내 품에 기대어
웃음꽃 피운 예쁜 사랑
널 아끼던 행복한 기억

투명한 이슬이
아침 햇살에 순간 사라지듯
정녕 널 여위는가
이대로 부서지는가

가지마라 사랑아
아직은 떠나지 못한
내 마음에
너의 슬픈 눈 물꽃 질때

고왔던 네 모습
세월 속에 묻으며
그때, 널 위해 준비한
한 방울 눈물 흘러주리라.

슬픈 아리아

네가 많이도
그리운 날은
바람 이는 거리에서
이리저리 부서져 쓸리는
모래처럼 바람으로 흐르는
노래를 부른다

관객 없는 무대
박수 없는 쓸쓸한 판타지를
타는 듯한 오열로
토해내는
소프라노 선율의 노래를 부른다

가끔 지나는
취객의 흐트러진 몸짓이
오선지 위에
한 소절 눈물의 음표를 그리는
이 슬픈 아리아의 내력을 넌 알까

맑고 청아한
내 영혼의 노래

영채의 목소리로
안단테 안단테
사랑의 아리아를 부른다.

기다림

이맘때쯤
보일 듯도 한데
석양의 긴 그림자만
발끝에 걸린다

지친 걸음
하루가 흐느적거리고
기다림은 쓰러지기 직전의
과포화(過飽和)된 징후
채 삭히지 못한 태양의 여운에
한점 불을 당겨본다

어둠의 긴 길목에
바람이 지난다

저만치
너 있는 곳에서
들리는 몸짓
하루를 버린 영혼은
다시 고개를 떨구고...

그대 오시는 날엔

그대 오시는 날엔
늘 푸른 숲 속에
사계절 변함없는
소나무 향 향기로운
나무집을 지으리라

빛바랜 세월 따라
조금씩 사랑을 멀게하는
바람 묶어 푸른 옷 입히고

그대, 하얀 얼굴 가려줄
흰 뭉게구름 멈추게 하리라

밤이면 별 달님 초대하여
흐르는 계곡의 물소리와
잠자는 산새 깨워 그대 위한
안단테 칸타빌레의 오케스트라를 연주하고
그대 발에 꼭 맞는
발레리나 신발도 준비하리라

뜨락에는 방긋방긋 웃는
수만 송이 장미꽃 등을 내걸고
사방팔방 오로지 그대를 위한
향기로운 사랑의 집 지으리라.

2011@정옥란 다시 그리워질 때

인 쇄 : 초판인쇄 2011년 3월 20일
인 쇄 : 초판발행 2011년 3월 25일
지은이 : 정옥란
펴낸이 : 윤기영
펴낸곳 : 도서출판 현대시선
등 록 : 제 387-2006-00017호
본 사 : 서울시 동대문구 장안동 394-15호 203호
지 사 : 경기도 부천시 원미구 원미동 147-12
전 화 : 070-8887-8233 팩시밀리 : 02-831-5832
이메일 : hdpoem55@hanmail.net

정 가 : 8,000원정
ISBN : 978-89-92687-25-6-03810